HMONG
PICTURE DICTIONARY

ENGLISH - WHITE HMONG

Mao Amy Yang-Lee

MASTER COMMUNICATIONS®
www.master-comm.com

Printed in the United States of America.

Library of Congress Control Number: 2014939177

ISBN: 978-1-60480-159-0

References

Brittan, Dolly. *The Hmong*. NY, New York: The Rosen Publishing Group, Inc., 1997.

Cha, Dia. *Dia's Story Cloth*. New York, NY: Lee & Low Books Inc.,1996.

Heimbach, Ernest E. White Hmong-English Dictionary. Ithaca, NY: Cornell Southeast Asia Program, 1966.

Hmong National Development (http://www.hndinc.org/page17614222.aspx)

Millett, Sandra. *The Hmong of Southeast Asia*. Minneapolis, MN. Lerner Publications Company, 2002.

Murphy, Norma. *A Hmong Family*. Minneapolis, MN: Lerner Publications Company, 1997.

Quincy, Keith. *Hmong: History of a People*. Cheney, WA: Washington University Press, 1988.

Credits

Contents

A Brief History of the Hmong

The Hmong are a people of Southeast Asia. It is believed that they moved from Siberia to China in 2500 BC. Chinese records briefly mention the Hmong, "Miao," at various times throughout history. Conflict with the Chinese may have led the "Miao" to abandon the central Yangtze plains to areas further northwest around 2205-2198 BC. Throughout history, the Hmong rebelled against the Chinese control and oppression. In the late 1700s and early 1800s, to escape persecution and suppression, a large number of Hmong families moved out of China and resettled in other countries such as Laos, Thailand, and Vietnam.

Most people are more familiar with the recent history of the Hmong and their involvement in the Vietnam war. In the early 1960s, the Hmong were recruited by the U.S. Central Intelligence Agency (CIA) to fight against the Pathet Lao. The CIA used Hmong villages as air bases for the U.S. Army Special Forces, better known as the Green Berets. The Hmong served as foot soldiers to assist the American force. Some of their responsibilities were to rescue fallen U.S. airmen and to fight against the communist army. Men and boys as young as the age of 9 were recruited to assist in the CIA secret war. As a result of their role in the war, thousands of Hmong died, homes destroyed, villages ruined and families torn apart.

In 1975, the United States pulled out from Vietnam and Laos, the Pathet Lao waged war against the Hmong for helping the CIA. Thousands of Hmong left Laos and resettled in the United States and other countries around the world such as:

- Argentina
- Australia
- Canada
- England
- France
- French Guiana
- Myanmar (Burma)
- Russia
- Thailand
- United States

There are about six million Hmong worldwide. They are divided into two groups: Hmong dawb (White Hmong) and Hmong ntsuab (Green Hmong). The main distinguish differences between the two groups are their Hmong dialect and their clothing style.

Currently, there are about 260,000 Hmong people residing the United States. Most Hmong can be found in California, Minnesota, Wisconsin, Michigan, and Alaska. The states with the fewest Hmong members are Maine, West Virginia, Delaware, and Vermont. In terms of metropolitan area, the largest Hmong-American community is in Minneapolis-Saint Paul, MN Metro Area; followed by Fresno, CA Metro Area; Sacramento, CA Metro Area; Milwaukee, WI Metro Area; and Merced, CA Metro Area.

Helpful Information

The Romanized Popular Alphabet (RPA) system is used to create Hmong writing. Created in Laos between 1951 and 1953 by a group of missionaries, led by Dr. Smalley and some Hmong advisors, it has gone on to become the most widespread system for writing the Hmong language in the West. It is also used in Southeast Asia along with other writing systems that are more similar to the native land.

Hmong is a tonal language. Tone is the use of pitch in the language to distinguish word meaning. If you don't pronounce a word correctly, it could have a totally different meaning to what you want to say. Example: help is pab and flower is paj. If you needed help and you said "paj kuv" you are actually saying "flower me," and as a result you would end up with no help.

The best way to learn Hmong is to memorize the tone markers. *Usually* the ending consonant in a word is the tone marker, unless words are grouped. To simplify the learning, the Hmong words in this book are mainly ungrouped. The tone markers indicate what level of voice to use.

After you have mastered the tone markers, you can start to learn the vowels. Hmong words consist of single and double vowels. The easiest way to learn the vowels is to start memorizing just a few letters at a time. Use the word samples to help you practice your vowel sounds.

Hmong writing consists of not only single but also double and triple consonants. A word may consist of blending consonants and vowels such as: elephant - ntxhw.
ntshai - afraid

Many of the Hmong words are compound words. Most of the times, the words will be written together as one word. For simplicity and to avoid confusion, most words will be kept separate in the book.

Examples:	what	dabtsi	dab tsi
	friend	phoojywg	phooj ywg
	kids	menyuam	me nyuam

Tone Markers
Tsiaj Ntawv Cim Suab

		Hmoob Hmong	Aav kiv English		Lus Pev Txwv Examples	
B	high	cim siab	heart		pob	ball
J	high falling	cim ntuj	sky		poj	female
V	mid rising	cim av	dirt		pov	throw
S	low	cim mus	go		pos	thorn
G	mid falling	cim neeg	person		pog	paternal grandma
M	low	cim niam	mom		pom	see
D	fall rising (rarely used)	cim tod	there		(tod)	there
	neutral	po hlua hmo khau hnia	spleen string night shoe smell			

Sample Words
Lus Pev Txwv

	Hmoob Hmong	**Aav kiv** English
B	cab deb fuab pob	pull far cloud ball
J	coj daj muaj quaj	bring yellow have cry
V	dav kuv suav xav	wide me / I count think
S	hais haus laus los	said drink old come
G	muag neeg noog tag	sell person bird done
M	liam tiam riam yuam	accused generation knife force
D	tod nkawd	there you two

Single Consonants
Tsiaj Ntawv Ib Tus

Consonants				Teeth	Lips	Tongue	Breath
C	**cuaj**		**nine**	open	round	on roof of mouth	back of mouth
D	**dev**		**dog**	Sounds like "d" in dog, dime, or door.			
F	**fwj**		**jar**	Sounds like "f" in from, foot, or fame.			
H	**haus**	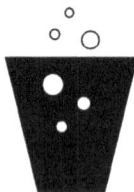	**drink**	Sounds like "h" in house, hide, or horse.			
K	**kooj**		**grasshopper**	open	open	center	no breath
L	**liab**		**monkey**	Sounds like "l" in love, look, or link.			

M	**miv**		**cat**	Sounds like "m" in mice, meat, or milk.			
N	**noog**		**bird**	Sounds like "n" in nice, neat, or new.			
P	**paj**		**flower**	open	together	center	min. air push through lips
Q	**qav**		**frog**	open	open	center	back of throat
R	**rauj**		**hammer**	together	open	touch roof of mouth near teeth	through teeth
S	**sev**	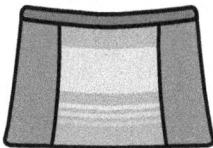	**Hmong skirt apron**	Sounds like "sh" in she, shake, or shoes.			
T	**twm**		**ox**	biting	open	touch back of top teeth	no air

V **vaj**  fence Sounds like "v" in Victor, vine, or victory.

X **xauv** 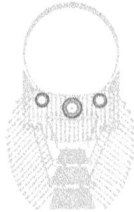 Hmong necklace Sounds like "s" in Sam, soon, or Sue.

Y **yaj**
yuam  peacock Sounds like "y" in young, yo yo, or you.

Z **zaub**  vegetable Sounds like "j" in the French name for Jack.

C	cab	pull
	cav	pipe
	cawv	whiskey
	coob	many
D	daj	yellow
	dawb	white
	deb	far
	dub	black
F	faib	divide
	faus	bury
	fawb	search
	fawm	noodle soup
H	hais	speak / said
	heev	very
	huab	cloud
	huv	clean
K	kaus	umbrella
	koj	you
	kub	hot
	kuv	me / I
L	lij	poke
	loj	big
	los	come
	luj	measure
M	me	small
	mov	rice / food
	muag	sell
	muaj	have
N	neeg	person
	neb	you two
	noj	eat
	noob	seed
P	paub	know
	piv	compare
	poob	fallen / lost
	pom	see

Q	qab	delicious
	qaib	chicken
	qos	potato
	quaj	cry
R	riam	knife
	ris	carry on the back
	rog	fat
	roob	mountain
S	sai	quickly
	sib saib	look at each other
	soob	thin
	suab	fern / voice
T	tau	receive
	taub	squash
	tuaj	come / arrive
	tub	son
V	vab	tray made from bamboo
	vaub kib	turtle
	vauv	son-in-law
	vov	cover
X	xiav	blue
	xim	color
	xov	thread
	xub	first / against
Y	yaj	disappear
	yeej	win
	yog	correct / yes
	yuav	buy
Z	zaj	dragon
	zog	strength
	zom	chew
	zoo	good

Double Consonants
Tsiaj Ntawv Txiv Ob Tus

CH
chais	shave
cheb	sweep
chim	upset
choj	bridge

DH
dhia	jump
dhau	pass through
dheev	suddenly
dhos	fit together

DL
*dlai	hang
*dlib	melon
*dlej	water
*dluab	picture

HL
hlais	slice
hlav	growth
hlev	stick out
hlua	rope

HM
hmo	night
Hmoob	Hmong
hmoov	luck
hmuv	spear

HN
hnab	sack
hnia	sniff
hnov	hear
hnoos	cough

KH
khau	shoe
khav	brag
khawb	dig
khaws	pick up

ML
mlom	idol / statue
mloog	listen
mluas	weak / sickly
mluav	dent

NC
ncaig	coal
ncaj	honest
ncauj	mouth
ncig	go around

NK
nkawj	bee
nkees	tired
nkim	waste
nkoj	boat

NP
npaj	prepare
npam	curse
npau	boiling hot
npauj	moth

NQ
nquab	pigeon
nqaij	meat
nqaim	narrow
nqawm	healed back

NR
nrab	half /center
nraug	bachelor
nrauj	divorce
nroog	village / city

NT
ntab	float
ntiav	shallow
ntog	fallen
ntoo	tree

NY
nyaum	stern / mean
nyem	clench fist
nyiaj	money / silver
nyuj	cow

PH
phem	mean
phom	gun
phooj ywg	friend
phwj	boil over

PL
plab	stomach
plaub	four
ploj	disappear
plooj	blur

QH
qhaib	engage
qhib	open
qhiav	ginger
qhov	a hole

RH
rhais	tuck in
rhuav	dismantle
rhiab	afraid
rho	pull out

TH
thoob	bucket
thauj	transport
them	paid
thov	beg

TS
tseeb	truth
tsev	house
tsiaj	animal
tsib	number five

TX
txaus	enough
txawb	throw
txim	punishment
txiv	dad

XY
xya	seven
xyab	incense
xyoo	year
xyoob	bamboo

* Green Hmong

Triple and Quadruple Consonants
Tsiaj Ntawv Txiv Peb thiab Plaub Tus

DLH — dlha (Green Hmong) — run

HML — hmloog — listen; hmlos (rarely used) — dent

HNY — hnya — frown; hnyav — heavy; hnyuv — intestine

NCH — nchav — harshly; ncho pa — smoky (fire); nchuav — spill; nchuav — miscarry

NKH — nkhaus — curve / bend; nkhib ntoo (rarely used) — "v" shape of the tree branch

NPH — nphav — lightly touch; nphob — old, fade; nphoo — dust / sprinkle on; nphwv — turbulent

NPL — nplaig — tongue; nplaim — flame; nplaum — sticky; npleem — slip

NQH — nqhis — crave; nqhuab — evaporate

NRH — nrhiav — seek; nrhoob — legging sash; nrhab — stretch / spread

NTH — nthav — sudden; nthe — yell; nthuav — unfold

NTS — ntse — sharp; ntse — clever / smart; ntses — fish; ntsib — meet

NTX — ntxaib — twin; ntxaug — skinny / thin; ntxiv — add; ntxuav — wash

PLH — plhaub — shell; plhe — stick out; plhis — to change / metamorphosis; plhu — cheek

TSH — tshaj — extra; tsham — visit; tsheb — vehicle; tshiab — new

TXH — txhais — translate / pair of; txhawb — encourage; txhawj — worry; txhom — catch / capture

NPLH — nplhaib (rarely used) — ring; nplhos — through (stab)

NTSH — ntshai — afraid; ntshiab — clear (water); ntshauv — lice; ntshiv — lean

NTXH — ntxhab — steep; ntxhais — girl; ntxhuab — moss; ntxhw — elephant

Vowels

Tsiaj Ntawv Niam

	Sounds Like	Sample Words			Sounds Like	Sample Words	
A	paul**a**	**av**	dirt	**EE**	s**ing**	**heev**	overly
		dag	lie			**neeg**	person
		pas	stick			**teeb**	light
		zaj	dragon			**yeej**	win
E	t**a**ke	**eb**	add on for support	**IA**	m**ia**	**liab**	red
		ev	carry on the back			**tiag**	really
		lej	number			**liam**	accuse
		nyem	squeeze			**liaj**	rice patty
I	h**e**	**ib**	one	**OO**	**ow**nership	**foom**	curse / bless
		hliv	pour			**hloov**	change
		vim	because			**kooj**	grasshopper
		zij	force			**thoob**	bucket
O	t**o**ss	**ob**	two	**UA**	blending of long **o** and **w** together	**muab**	give
		koj	you			**luam**	press over
		lov	broken			**tuaj**	come
		los	come			**zuav**	dent
U	yo**u**	**huv**	clean	**AI**	ti**e**d	**qaib**	chicken
		ntuj	sky			**nqaij**	meat
		tub	son			**ntaiv**	ladder
		tum	stack up			**paim**	excrete
W	e**w**e	**khwb**	cover	**AW**	"er"	**lawb**	depart / dismiss
		lwj	spoil			**lawv**	them
		lwv	erase			**tawm**	leave (exit)
		ntws	flow			**thawj**	first
AA*	**un**done	**aav**	dirt	**AU**	m**ou**se	**rauj**	hammer
		paab	help			**kaum**	ten
		paas	stick			**laub**	pour
		zaaj	dragon			**vauv**	son-in-law

* Green Hmong

Tone Combination
Cov Suab

On this page, you can practice making some nonsense sounds. The key to speaking Hmong correctly is being able to make the appropriate tonal sounds. D is not used often.

Tone Markers	B	J	V	S	G	M	D
A	ab	aj	av	as	ag	am	
E	eb	ej	ev	es	eg	em	
I	ib	ij	iv	is	ig	im	
O	ob	oj	ov	os	og	om	
U	ub	uj	uv	us	ug	um	
W	wb	wj	wv	ws	wg	wm	
AA	aab	aaj	aav	aas	aag	aam	
EE	eeb	eej	eev	ees	eeg	eem	
IA	iab	iaj	iav	ias	iag	iam	
AI	aib	aij	aiv	ais	aig	aim	
OO	oob	ooj	oov	oos	oog	oom	
UA	uab	uaj	uav	uas	uag	uam	
AU	aub	auj	auv	aus	aug	aum	
AW	awb	awj	awv	aws	awg	awm	

The Body
Lub Cev

head
taub hau

face
ntsej muag

hand
tes

hair
plaub hau

finger
ntiv tes

ear
pob ntseg

nose
taub ntswg

nostril
qhov ntswg

tooth
kaus hniav

mouth
qhov ncauj

lip
tawv tis ncauj

neck
caj dab

elbow
lauj tshib

arm
npab

butt
pob tw

stomach
plab

knee
hauv caug

leg
ceg

foot
ko taw

toe
ntiv taw

toenail
rau taw

Helpful Phrases

English	Hmong
I like your eye.	Kuv nyiam koj lub qhov muag.
I like your lip.	Kuv nyiam koj daim tawv tis ncauj.
How many teeth do you have? I have two teeth only.	Koj muaj pe tsawg tus kaus hniav? Kuv muaj ob tus kaus hniav xwb.
Does your head hurt? My head hurts a lot.	Koj lub taub hau puas mob? Kuv lub taub hau mob mob heev.
Can your eyes see? I see a little.	Koj (ob)lub qhov muag puas pom kev? Kuv pom me me.
My leg is broken. Don't move it.	Kuv txhais ceg lov lawm. Tsis txhob muab nws txav.
My arm is itchy. Scratch it.	Kuv txhais npab txob txob. Khawb nws.

Clothing
Khaub Ncaws

shorts
ris luv

(long) pants
ris ntev

sock
thoom thaub

shirt
tsho

shoe
khau

shoe lace
hlua khau

glasses
iav

necklace
saw

purse
hnab or kab paus

hat
caus mom

skirt
tiab

gloves
hnab looj tes

coat
**tsho sov /
tsho tiv no**

skiing or
snowboarding
caij te

ride
caij

Numbers
Lej

1	ib		**21**	nees nkaum ib
2	ob		**22**	nees nkaum ob
3	peb		**23**	nees nkaum peb
4	plaub		**24**	nees nkaum plaub
5	tsib		**25**	nees nkaum tsib
6	rau		**26**	nees nkaum rau
7	xya		**27**	nees nkaum xya
8	yim		**28**	nees nkaum yim
9	cuaj		**29**	nees nkaum cuaj
10	kaum		**30**	peb caug
11	kaum ib		**31**	peb caug ib
12	kaum ob		**40**	plaub caug
13	kaum peb		**41**	plaub caug ib
14	kaum plaub		**100**	ib puas
15	kaum tsib		**101**	ib puas ib
16	kaum rau		**110**	ib puas kaum
17	kaum xya		**111**	ib puam kaum ib
18	kaum yim		**1000**	ib phav
19	kaum kuaj		**1001**	ib phav ib
20	nees nkaum		**1010**	ib phav kaum

Helpful Phrases

English	Hmong
I have two shoes.	Kuv muaj ob txhais khau.
I have five long pants.	Kuv muaj tsib lub ris ntev.
I can't find my two gloves.	Kuv nrhiav tsi tau kuv ob lub hnab looj tes.
My two hands are cold.	Kuv ob txhais tes no no.
Do you have a coat? I have two coats.	Koj puas muaj lub tsho tiv no? Kuv muaj ob lub tsho tiv no.
How many people do we have playing here? We have six people playing here.	Peb muaj tsawg tus neeg ua si nov? Peb muaj rau tus neeg ua si nov.

Colors
Xim

green  **ntsuab**

red  **liab**

blue  **xiav**

yellow  **daj**

black  **dub**

white  **dawb**

See back cover for color pictures.

Helpful Phrases

English	Hmong
Give me two white socks.	Muab ob txhais thoom thaub dawb rau kuv.
Give me your three green hats.	Muab koj peb lub kaus mom ntsuab rau kuv.
Nice pair of shoes.	Nkawm khau zoo nkauj.
Where are your ten new shirts? They are here. Let me see.	Koj kaum lub tsho tshiab nyob qhov tws? Lawv nyob nov. Cia kuv saib.
I like the red flowers!	Kuv nyiam cov paj liab!
I see lots of red flowers.	Kuv pom ntau lub paj liab.

Motions / Emotions
Kev Ua Zog / Kev Xav

carry  nqa

drink  haus

eat  noj

run  khiav

crawl  nkhag

stand  sawv nrug

sit		**zaum**
walk		**mus kev**
climb	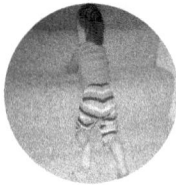	**nce**
give		**muab**
jump		**dhia**
go		**mus**
throw		**pov**

wash		**ntxuav**
listen		**hmloog**
smell		**nhia**
hit		**ntaus**
swim		**da dej**
tire		**nkees**
cry		**quaj**

quiet  ntsiag to / txob hais lub

scream  qw

happy  zoo siab

laugh  luag

afraid  ntshai

mad  chim

sad  tus siab

Creating Simple Sentences

Pronouns		
	I / me	kuv
	you	koj
	us (three or more people)	peb
	us (two people)	wb
	they	lawv
	he / she / it	nws

Verbs		
	run	khiav
	crawl	nkhag
	sit	zaum
	go	mus
	throw	pov
	drink	haus
	eat	noj

Adverbs		
	fast	ceev
	slow	qeeb
	tall (height)	siab
	short	qis

Adjectives		
	happy	zoo siab
	good	zoo
	shy	txaj muag
	upset	chim siab
	round	kheej
	wide	dav

Locations		
	inside	sab hauv
	outside	sab nraum / nrauv / nraum zoov
	under	hauv qab
	living room	chav zaum
	bed	txaj
	couch	rooj xas loos

You can mix and match the above words to create some simple sentences.

You run fast.	Koj khiav ceev ceev.
They crawl outside.	Lawv nkhag nraum zoov.
You eat slow.	Koj noj mov qeeb qeeb.
Her bed is wide.	Nws lub txaj dav dav.

Fruits
Txiv Hmab / Txiv Ntoo

peach      **txiv duaj**

papaya      **txiv taub ntoo**

longan   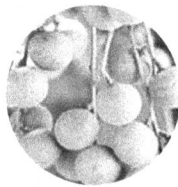   ***txiv maj nyub nyais**

grape      **txiv quav ntxwv**

lime      ***maj naus**

orange      **txiv kab ntxwv / *txiv maj kiab**

* Words adopted from the Lao language

wild berry		txiv phuab
honeydew	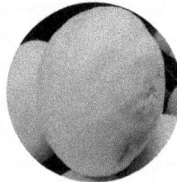	dib pag
cantaloupe		dib txaiij
banana		txiv tsawb
watermelon		dib liab
strawberry		txiv pos
coconut		*txiv maj phaub

pineapple

txiv puv/poov luj

mango

txiv nkhaus taw /
txiv raum npua

Helpful Phrases

English

I like to eat banana.

I like to eat yellow banana.

I don't like to eat watermelon.
It makes me sick.

I want to eat a peach.

I don't want to eat a peach.

Do you want to eat some wild berries?
I want to eat some.

What kind of fruit do you like?
I like to eat pineapple.

I don't want to eat a fruit.

Hmong

Kuv nyiam noj txiv tsawb.

Kuv nyiam noj txiv tsawb daj.

Kuv tsis nyiam noj dib liab.
Nws ua rau kuv muaj mob.

Kuv xav noj ib lub txiv duaj.

Kuv tsis xav noj ib lub txiv duaj.

Koj puas xav noj ib cov txiv phuab?
Kuv xav noj ib cov.

Koj nyiam noj yam txiv dab tsi?
Kuv nyiam noj txiv puv luj.

Kuv tsis xav noj ib lub txiv.

Vegetables
Zaub

tomato  txiv lws suav

mushroom  nceb

green eggplant  txiv lws txaij

lettuce  zaub xa lav

broccoli  zaub paj

bean  taum

bean sprout	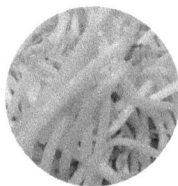	kaus taum
cabbage		zaub qhwv
cucumber		dib ntsuab
corn	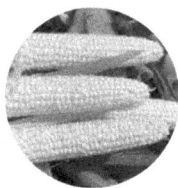	pob kws
squash		taub
pepper	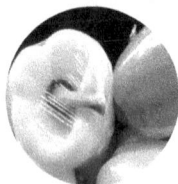	kua txob
eggplant		txiv lws ntev

onion		**dos**
potato		**qos**
bok choy		**zaub ntsuab**
bamboo shoot		**ntsuag xyoob**
ginger		**qhiav**
garlic	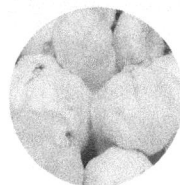	**qij**

School
Tsev Kawm Ntawv

school		**tsev kawm ntawv**
classroom		**hoob kawm ntawv**
playing		**ua si**
teacher		**xib fwb / *nais khu**
student		**me nyuam kawm ntaww**

erase
lwv

eraser
lub lwv

pen
cwj mem

pencil
**cwj mem qhuav /
xaum qhuav**

ruler
pas ntsuas

paper

ntawv

writing

sau ntawv

book

phau ntawv

read

*nyeem ntawv /
twm ntawv**

Animals
Tsiaj

pig  **npua**

sheep  **yaj / mes es**

duck  **os**

chicken  **qaib**

horse  **nees**

cow  **nyuj**

cat  miv

dog  dev

grasshopper  kooj

mouse  nas tsuag

bug  kab

bird  noog

fox  hma

owl  plas

bear  dais

turtle  vaub kib

fish  ntses

snail  qwj

crab  raub ris

tiger  tsov

turkey  **qaib ntxhw**

elephant  **ntxhw**

rabbit  **luav**

goat  **tshis / mes es**

monkey  **liab**

deer  **mos lwj / kauv**

giraffe  **nees caj dab ntev**

frog  **qav**

butterfly  **npuaj npaim**

ant  **ntsaum**

At *Home*
Tom *Tsev*

house		**tsev**
refrigerator		**tub yees**
chair		**rooj zaum**
dining table		**rooj noj mov**
dryer		**cav ziab khaub ncaws**
washing machine		**cav ntxhua khaub ncaws**

stove		**qhov cub**
living room		**chav zaum**
bedroom		**chav pw**
basement		**qab lawj**
couch		**rooj xas loos**
bed		**txaj**
dining room		**chav noj mov**

window		qhov rais
door		qhov rooj
bathroom		hoob dej
plate	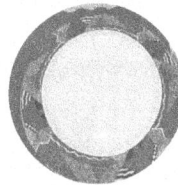	phaj
cup		khob
bowl		phiab
spoon	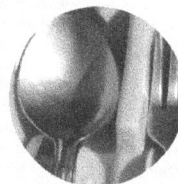	diav

fork		**rawg**
cooking pot		**lauj kaub**
frying pan		**yias**
trash can		**thoob *khib nyawb***
light	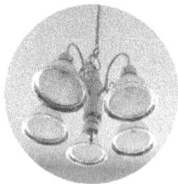	**teeb**
kettle		**kais / qhws**

Locations
Nyob Twg / Qhov Chaw

inside		sab hauv / hauv tsev
outside		sab nraum / nraud zoov
under		hauv qab
over / on top / up		(sab) saum
in front		ua ntej
behind		tom qab

Nature
Hav Zoov Xub Tsuag

tree		**ntoo**
tree branch		**ceg ntoo**
flower	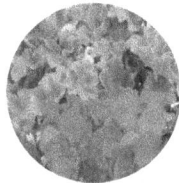	**paj**
bamboo tree		**xyoob**
grass		**nyom**
leaf	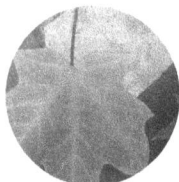	**nplooj**

earth		ntiaj teb
stick	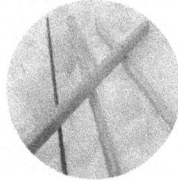	pas
cloud		huab
dirt		av
sky	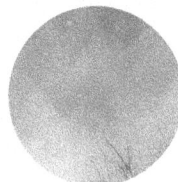	ntuj
rain		nag
water		dej

wind(y)  cuas (ntsawj)

snow  te

moon  hli

star  hnub qub

sun  hnub

forest  hav zoov

hill  roob

rock  **pob zeb**

sand 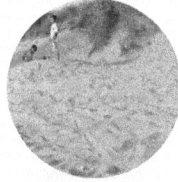 **xuab zeb**

plant  **nroj tsuag**

berry  **txiv hmab txiv ntoo**

Types of Weather
Huab Cua

sunny  **tshav ntuj**

cloudy 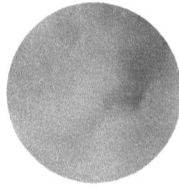 **tsaus huab**

raining  **los nag**

snowing  **los te**

windy  **cua ntsawj / cua hlob**

Seasons
Caij Ntuj

spring

caij nplooj ntoo hlav
time of leaf growing

summer

caij ntuj sov
time of warm sky

fall

caij nplooj ntoo zeeg
time of leaf falling

winter

caij ntuj no
time of cold sky

Helpful Phrases

English	Hmong
Where are you?	Koj nyob qhov twg?
I am here.	Kuv nyob qhov no.
I am in the bedroom.	Kuv nyob hauv chav pw.
I am in the kitchen.	Kuv nyob hauv chav ua mov.
What are you doing?	Koj ua dab tsi?
I am cooking food.	Kuv tab tom ua mov noj.
I am washing the dishes.	Kuv tab tom ntxuav tais diav.
I am eating.	Kuv tab tom noj mov.
I am washing clothes.	Kuv tab tom ntxhua khaub ncaws.
Sit there on the couch.	Zaum ntawm lub rooj xas loos kod.
Go to the table.	Mus tom lub rooj.
Sleep on the bed.	Pw ntawm lub txaj.
Go to the basement.	Mus hauv qab lawj.
Where is your bathroom?	Koj lub hoob dej nyob qhov twg?
It's there.	Nws nyob tod / ntawv.

The Market
Tom Khw / Taj Laj

toilet paper		**ntawv viv**
fish		**nqaij ntses**
beef		**nqaij nyuj**
paper towel		**ntawv so tes**
bread	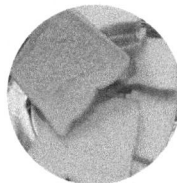	***qhaub cij / ncuav**
pork		**nqaij npuas**

sausage  **nqaij hnyuv**

egg  **qe**

chicken  **nqaij qaib**

Family / Relations
Tsev Neeg / Txheeb Ze

Maternal

grandma	**niam tais**
grandpa	**yawm txiv**
aunt	**niam tais laus / niam tais hluas**
uncle	**dab laug**
mom	**niam**

Paternal

grandma	**niam pog**
grandpa	**txiv yawg**
aunt	**phauj**
uncle	**txiv hlob / txiv txawm**
dad	**txiv**

Females Use

older sister	**niam laus**
younger sister	**niam hluas**
older brother	**nus hlob**
younger brother	**nus yau**

Males Use

older sister	**muam hlob**
younger sister	**muam yau**
older brother	**tij hlaus**
younger brother	**kwv**

Progeny

son	**tub**
daughter	**ntxhais**
children	**me nyuam**

boy	**me nyuam tub**
girl	**me nyuam ntxhais**

Opposites
Kev Txheem

before	**ua ntej**	after	**tom qab**
bumpy	**ua theev**	smooth	**du hlug**
clean	**huv si**	dirty	**qias / lo av**
close	**kaw**	open	**qhib**
hard	**tawv**	soft	**muag**
slow	**qeeb**	fast	**ceev**
dark	**tsaus**	light	**kaaj**
off	**tua**	on	**qhib**
new	**tshiab**	old	**qub**
same	**ib yam**	different	**txawv**
small	**me**	big	**loj**
up	**saum**	down	**hauv**
front	**tom ntej**	back	**tom qab**
high	**siab**	low	**qis**
here	**nov**	there	**tod**
far	**deb**	near	**ze**
on the top	**saum toj**	on the bottom	**hauv qab**
hot	**kub**	cold	**no**
sleep	**pw**	awake	**sawv**
long	**ntev**	short	**luv**
deep	**tub**	shallow	**ntiav / pliav**

Traveling Phrases

English	Hmong
I drove a car to your town yesterday.	Kuv tsav tsheb tuaj rau tom koj lub zos nag hmo.
I took (ride) the bus to the village.	Kuv caij tsheb npav mus rau tom zos.
I want to buy this.	Kuv xav yuav yam nov.
How much is this?	Nov yog pes tsawg?
How much does this cost?	Nov kim npaum li cas?
It's too expensive.	Nws kim heev.
Can you lower it?	Koj muab luv puas tau?
I like this kind.	Kuv nyiam yam nov.
I don't want to buy this.	Kuv tsis xav yuav qhov nov.
What is this?	Nov yog dab tsi?
I am hungry.	Kuv tshaib plab.
Is there a restaurant near by here?	Puas muaj taj laj noj mov nyob ze nov?
What does it taste like?	Nws qab li cas?
Do you want to eat?	Koj puas xav noj?
It is very tasteful.	Nws qab heev.
This is not tasty.	Nws tsis qab.

Helpful Phrases

English	Hmong
My name is Mee.	Kuv lub npe hu ua Mim.
What is your name?	Koj lub npe hu li cas?
I am happy to meet you.	Kuv zoo siab ntsib koj.
This is my friend Susan Lee.	Nov yog kuv tus phooj ywg Susan Lee.
What is your dad's name?	Koj txiv lub npe hu li cas?
My dad's name is Pheng.	Kuv txiv lub npe hu ua Pheej.
How old are you?	Koj muaj tsawg xyoo?
I am 33 years old.	Kuv muaj 33 xyoo.
Do you have children?	Koj puas muaj me nyuam?
I have 2 boys.	Kuv muaj 2 tus tub.
They are 5 years old and 6 years old.	Nkawd muaj 5 xyoo thiab 6 xyoo.
I don't have kids.	Kuv tsis muaj me nyuam.
Where do you live in town?	Koj nyob qhov twg hauv zos?
I live there, not far from here.	Kuv nyob tod, tsis deb ntawm nov.

Verb List

A

abide	ua li	applaud	npuaj tes
accelerate	mus ceev	argue	sib cav
accept	yuav nyog	arrest	ntes
accomplish	ua tiav	arrive	tuaj txog
acquire	xav tau	ask	noog
add	ntxiv	asleep	tsaug zog
admire	fwm	assess	ntsuas xyuas
admit	qhias qhov tseeb	assist	pab
advise	pab tswv yim	assure	muaj tseeb
allow	kheev	attain	kawm cia
announce	tshaj tawm	attack	mus ntaus
annoy	ua meem txom	attempt	sim
answer	lus teb	attend	mus koom
apologize	thov txim	attract	txaus nyiam
appear	tshwm sim	awake	sawv

B

bathe	da dej	boil	npau
battle	sib ntaus sib tua	borrow	qiv
beat (won)	yeej	bow	nyo
beat (hit)	ntaus	braid	qhaib
beg	thov	brag	khav
begin	pib	break	tawg / lov
behave	ua zoo	breathe	ua pa
belong	muaj tswv	bring	coj / nqa
bend	chom	brush	txhuam
bet	twv	build	ua / txua
bite	tom	bug (bother)	sib thab
bleed	los ntshav	bump	chwv
bless	tau koob hmoov	burn	kub hnyiab
blow	tshuab	buy	yuav

C

call	hu	collect	sau
care	mob siab txog	comb	ntsis
carry	nqa / coj	communicate	sib txuas lus
carve	txua	compare	piv
catch	txais	compete	sib tw
change	hloov	complain	yws
cheat	khib lav	complete	ua tiav
check	kuaj xyuas	concern	txhawj txog
chew	xo / ntsuas	conclude	xaus lus kawg
choose	xaiv	consider	xav txog
clap	npuaj tes	continue	ua ntxiv
clean	tu		

C*

control	kav
copy	kaij
cough	hnoos / nqu
count	suav
cover	vov
crawl	nkag

create	tsim
cross	hla
cry	quaj
curse	foom phem
cuss	hais lus phem
cut	txiav

D

damage	puas
dance	seev cev
dare	twv
decay	lwj
deceive	dag ntxias
decide	txiav txim siab
delight	zoo siab
deliver	xa tuaj
demonstrate	ua qauv qhia
depend	cia siab
describe	piav qhia
destroy	puam ruaj
dig	khawb

disagree	tsis pom zoo ib yam
disappear	ploj
disapprove	tsis pom zoo
discover	nrhiav tau
dislike	tsis nyiam
distribute	sib faib
divide	sib cais
drag	cab
drop	poob
drown	poob dej
drink	haus
down	hauv

E

earn	khwv tau
eat	noj
edit	kho kom yog
educate	kawm ntawv
embarrass	txaj muag
encourage	txhawb zog
end (stop)	tsum
endure	thev
enhance	ua kom zoo dua / tshaj
enjoy	xis siab
enter	nkag / mus
entertain	lom zem
escape	dim

establish	tsim kom muaj
estimate	kwv yees
excellent	zoo heev
exchange	sib pauv
excited	zoo siab heev
exclude	cais
exhale	ua pa tawm
expand	ua kom dav loj
expect	tos ntsoov
explain	piav
explode	tawg
extent	tauj ntxiv

F

fail (unsuccessful)	ua tsis tau
fear	ntshai
feed	pub noj
feel	xav hauv siab
fetch	mus nqa
fight	sib ntaus
find	nrhiav
fire (shot)	tua
fix	kho

flap	ntxuaj
flee	khiav mus
float	ntab
flow	ntws
fly	ya
fold	tais
follow	taug qab
fool	dag
forbid	tsis pub
force	yuam

* continued

F*	forget	nov qab	freeze	nkoog
	forgive	zam txim	fry	kib
	free (let go)	tso		

G	gather	sib sau	great	zoo heev
	gaze	ntsia	greet	txais tos
	get	muab	grin	luag ntxhis
	give	pub	grind (ground)	zom
	glow	ci	grow	hlav
	go	mus	guess	twv
	grab	ntsiab	guide	coj nrog
	graduate	kawm tiav		

H	hang	dai	hide	zais
	happy	zoo siab	hit	ntaus
	harm	ua kom mob	hold	tuav
	hate	ntxub	hope	cia siab
	hear	hnov	hurry	maj ceev
	help	pab	hurt	mob

I	improve	kho kom zoo ntxiv	invent	tsim
	increase	muab ntxiv	isolate	kem cais
	intent	txhob txwm	itch	txob txob / khaus
	interest	txaus siab		
	introduce	qhia rau		

J	join	koom	judge	txiav txim
	joke	tso dag	jump	dhia paj paws

K	keep	khaws cia	knit	xaws
	kick	ncaws	knock	khob
	kill	tua	know	paub
	kneel	txhos caug		

L	label	ntaus cim	lend	luab / txais
	land (set down)	tsaws	let	cia
	laugh	luag	lick	yaim
	lay (egg)	nteg (qe)	lie	dag
	lay down	pw	lift	nqa
	lead	coj	like	nyiam
	leap	dhia	listen	mloog / hmloog
	learn	kawm	loose	poob
	leave (go)	mus	love	hlub

* continued

M	make	ua	memorize	nco cia
	march	mus kev	mend	sib ntxiv
	marry	sib yuav	miss (you)	nco (koj)
	match	sib phim	mix	muab sib tov
	measure	ntsuas	mourn	nyiav
	meet	sib ntsib	move	txav
	melt	yaj		

N	nail (to the wall)	ntsia (rau phob ntsa)	nod	ncaws hau
	narrate	hais dab neeg	nudge	chwv me me

O	obey	mloog lus	order	txib
	omit	txiav tawm	overflow	phwj
	open	qhib	owe	tshuav nqi

P	pack	ntim	pray	thov
	paint	pleev xim	prefer	nyiam dua
	park (stop)	nres	press	nias
	participate	koom	preview	saib ua ntej
	pass	mus dhau	print	luam
	pause	nres me me	promote	txhawb
	pay (paid)	them	prosper	vam meej
	peel	tev	prove	muab pov thawj
	permit (allow)	kheev / kam	provide	muab rau / yug
	persuade	ntxias	pry	nyom
	pinch	de	pull	cab
	play	ua si	punch	ntaus nrig
	plead	thov	punish	rau txim
	plow	laij	purchase	yuav
	pour	hliv	pursue	caum
	pout	chim	push	thawb
	practice	xyaum	put	cia
	praise	qhuas		

Q	question	noog	quiet	ntsiag to
	quit	tso tseg		

R	raining	los nag	refer	xa mus
	raise	sawv	reflect	xav txog
	reach	ncav	refuse	tsis yeem / tsis kam
	read	nyeem ntawv	regenerate	ua tshiab
	realize	pom tau	reject	tsis yuav
	reason	vim li cas	rejoice	zoo siab
	receive	txais	relate	piv txog
	reduce (in size)	ua kom me me		

	rely	cia siab	report	qhia txog
	remember	nco qab txog	represent	sawv cev
	remind	hais qhia	rinse	yaug
R*	repair	kho	rub	xuab / mos
	repeat (words)	hais dua	ruin	puas
	replace	pauv / hloov	run	khiav
	reply	teb	rush	maj heev

	saw/see	pom	spare	tseg
	save	khaws cia	speak	hais lus
	say	hais	spin	kiv
	scold	cem	spit	nto qaub ncaug
	scrub	txhuam	split	ncau
	search	fawb	spray	txuag / txau
	seek	nrhiav	squint	hnya
	send	xa	stab	nkaug
	separate	faib/kem	stand	sawv / nres
	sew	xaws	stare	ntsia
	shake	nchos	stay here	nyob nov
	share	sib koom	steal	nyiag
	sharpen	hov	steer (car)	tsav (tsheb)
	shoot	tua	sting	plev
	shop	yos yuav khoom	stink	tsw phem
S	shoplift	nyiag khoom	stop	ntses / tsum
	shove	thawb	store away	khaws cia
	shut	kaw	stress	nyuaj siab
	sin	ua txhaum	stroke	plhw
	sing	hu nkauj	study	kawm
	sink	tog	stumble	dawm
	sit	zaum	succeed	ua tau lawm
	sleep	pw	suck (water)	nqus (dej)
	slice	phua	suffer	raug txom nyem
	smear	pleev	supervise	saib xyuas
	smell	nhia	support	pab txhawb/txheem
	smile	luag nyav	surrender	nyoo
	snatch	chua	swallow	nqos
	sneak in	nyiag nkag	swear	hais lus phem
	soak in water	tsau dej	swell	su loj tuaj
	solve (problem)	kho (teeb meem)	swing	fiav
	spank (hit)	ntaus	switch	hloov

* continued

T	take	**muab**		trade	**pauv**	
	talk	**hais lus**		train (teach)	**qhia kawm**	
	taste	**sim**		transfer	**hloov txauv**	
	teach	**qhia rau**		transplant	**hloov tshiab**	
	tear (rip)	**dua**		trap	**cuab**	
	tell	**hais rau**		traumatize	**ceeb**	
	terrify	**ntshai heev**		tremble	**tshee / co**	
	testify	**ua pov thawj**		trick	**dag**	
	thank	**ua tsaug**		trip	**dawm**	
	think	**xav**		trust	**ntseeg siab**	
	thrive	**vam / loj hlob**		try	**sim**	
	throw	**pov / txawb**		turn	**tig**	
	tire	**nkees**		twirl	**kiv mus los**	
	touch	**kov**		twitch	**laim**	
	tow	**cab**		type	**ntaus ntawv**	

U	unfold	**nthuav**		urinate	**tso zis**	
	unite	**koom siab**		use	**siv**	
	upset	**chim siab**				

V	vanish	**ploj lawm**		vomit	**ntuav**	
	verify	**taug qhov tseeb**		vouch	**ua pov thawj**	
	visit	**sib saib / tsham**				

W	wage (war)	**tawm tsam**		weep	**quaj**	
	wait	**tos**		welcome	**tos txais**	
	walk	**mus kev**		whip	**nplawm**	
	want	**xav yuav**		whistle	**xuav kauv**	
	warn	**ceeb toom**		wipe	**so**	
	wash	**ntxuav**		work	**ua hauj lwm**	
	waste	**nkim**		wrap	**qhwv**	
	wear	**hnav**		write	**sau ntawv**	
	weave	**hiab**				

Y	yank	**rub los**		yearn	**xav tau**	
	yawn	**tsua lo**		yell	**qw**	

Z	zip	**swb**	

Hmong Names

It is likely that there are other names not included here. Some names may be combined to have a different or greater meaning in Hmong.

For Boys

Cai	rules	**Lwm**	revolve
Cawv	whiskey	**Mab / Maab**	vine
Ceeb	surprised	**Muas**	last name Moua
Choj	bridge	**Nplooj**	leaf
Ci	bright	**Nruas / Nruag**	drum
Foom	blessing	**Ntaj / Ntaaj**	sword
Fwj / Hwj	jar	**Ntxawg**	youngest
Hawj	last name Her	**Ntxhw**	elephant
Huas	quickly gather	**Nyiaj / Nyaj**	money
Kaus	umbrella	**Pheej**	tendency
Keej	talented	**Phiab**	bowl
Kim	expensive	**Pobtsuas**	rocky mountain
Koob	needle	**Pobzeb**	rock
KoobHmoov	blessed	**Pov**	throw
KoobMeej	blessed	**Riam**	knife
Kuam	scrape	**Soob**	thin
Kub	gold / hot	**Suav**	Chinese
Lauj	last name Lor	**Teeb**	light
Leej	predicted correctly	**Teev**	memorial
Lis	last name Lee	**Thaiv**	defender
Looj	put over	**Thoj**	last name Thao

Thoob	bucket	**Xais**	massage
Tsab / Tsaab	last name Chang	**Xov**	message
Tsawb	banana plant	**Xub**	against
Tsheej	definite	**Xyoob**	bamboo tree
TswmSim / TshwmSim	new beginning	**Xyooj**	last name Xiong
TshwmMeej	complete	**Yaj / Yaaj**	last name Yang
Tswb	bell	**YajYuam**	peacock
Tuam	connection	**Yeeb**	opium
Tub	son	**Yeej**	won
Vag	gate	**Yias / Yag**	pan
Vaaj / Vaj	last name Vang	**Zaj / Zaaj**	dragon
VamMeej	completely hopeful	**Zeb**	rock
Vwj	last name Vue		

For Girls

Cua	wind	**Lig**	late
Dawb	white	**Luv**	short or broken
Dib / Dlib	melon	**Maiv**	lovable, baby
Dub	black	**Me**	small
Hli	moon	**Mos / Mog**	gentle or soft
Hnub	sun	**Nkauj**	female
Huab / Fuab	cloud	**Npauj**	moth
Iab / Ab	bitter or baby	**Npauj Npaim**	butterfly
Kab / Kaab	bug	**Nplhaib**	ring
Kawm	basket or learn	**Ntaub**	cloth
Kiab	content	**Ntsuab**	green

Ntxawm	youngest	**Xis**	accustomed to
Ntxhais	girl	**Yeeb**	opium
Paj / Paaj	flower	**Yiv**	put in circle
Pajntaub / Paajntaub	quilt / story cloth	**Zuag**	comb

Surname

Faaj	
Haam / Ham	
Hawj	
Khaab / Khab	
Koo	
Kwm	
Lauj	
Lis	
Muas	
Phab	
Taaj	
Thoj	
Tsab / Tsaab	
Tswb	
Vaaj	
Vwj	
Xyooj	
Yaaj / Yaj	

Clan Name

Feng
Hang
Her
Kang
Kong
Kw
Lo / Lor
Lee
Moua
Pha
Ta
Thao
Chang
Chue
Vang
Vue
Xiong
Yang

Index

www.ingramcontent.com/pod-product-compliance
Lightning Source LLC
Chambersburg PA
CBHW081201270326
41930CB00014B/3248